UN CAPUCIN

A LA COUR DE

CHARLES IER

ROI D'ANGLETERRE

BIBLIOTHÈQUE MAZARINE, MS. 2929

PARIS — 1889

DOCUMENTS ET MANUSCRITS

UN CAPUCIN

A LA COUR DE

CHARLES IER

ROI D'ANGLETERRE

BIBLIOTHÈQUE MAZARINE. MS. 2929

PARIS — 1889

Henriette de France, en vertu de son contrat de mariage, devait avoir une chapelle.

Le cardinal de Bérulle avait alors grand crédit à la cour de France. Il s'en servit pour faire agréer aux deux couronnes qu'un certain nombre des Pères de sa congrégation suivissent avec lui la princesse en Angleterre, sous la conduite de l'évêque de Mende, son grand aumônier.

Les Pères de l'Oratoire furent logés dans une maison royale, où les gardes ne permettaient que très difficilement l'entrée aux catholiques, ce qui empêchait ces Pères d'avancer les affaires de la religion.

D'ailleurs, « de méchants esprits » animèrent les Anglais contre les Français. Le duc de Buckingham amena même le roi à commander aux Français de sortir d'Angleterre. Il leur dit qu'il s'en expliquerait avec le roi de France par l'intermédiaire d'un gentilhomme.

Ainsi les Pères de l'Oratoire et les autres Français quittèrent l'Angleterre. Deux Pères seulement restèrent provisoirement. On voulait laisser ainsi à la reine la liberté religieuse promise dans son contrat, en attendant que les affaires changeassent et qu'on lui en donnât d'autres « paisibles et sans intérêt ».

Le but de Buckingham, en provoquant le renvoi de Français, avait été de « piquer » Richelieu et de « l'embrouiller dans ses généreuses et saintes entreprises ».

Les hommes « paisibles et sans intérêts » auxquels on songea en France furent les Capucins. Louis XIII et Marie de Médicis tenaient « près de leurs personnes royales » le R. P. Joseph de Paris. Ce fut lui qui ordonna le départ de dix Capucins de la province de Paris. Ils devaient avoir la qualité de confesseurs, prédicateurs et aumôniers de la reine, exercer le ministère, baptiser, marier, confesser.

Henriette avait toujours honoré les Capucins de son affection. Charles Ier avait assisté en Espagne à une conférence d'un Capucin sur la religion. Il avait eu un entretien avec lui et il avait conservé de l'estime pour cet ordre.

Les Capucins se réunirent donc. Ils invoquèrent le Saint-Esprit et l'on choisit dix religieux pour la reine et deux pour l'ambassade.

Parmi les premiers se trouva le P. Cyprien de Gamache, l'auteur du manuscrit en question, manuscrit qui diffère çà et là, à en juger par quelques pages, d'un exemplaire de la Bibliothèque nationale. Ce dernier, s'il n'est pas l'original, est du moins plus près de la source.

Un nouveau grand aumônier fut également nommé. C'était Mgr Bertaut, évêque de Bazas, pieux et savant; il venait de publier une réponse remarquée au *Bouclier de la foi* de Dumoulins.

Louis XIII paya le voyage et les vêtements.

Le départ fut retardé deux fois par des difficultés qu'élevèrent les rois de France et d'Angleterre. Le second ne voulut point de grand aumônier qui fût évêque. Louis craignit que l'arrivée des Capucins en Angleterre avec leur habit ne fît beaucoup de bruit; ils partirent donc en costume de prêtres séculiers et avec l'ambassadeur, dont ils attendirent le départ.

Ils s'embarquèrent à Calais le 21 février 1630, et débarquèrent heureusement, après avoir essuyé une tempête furieuse.

Ils se rendirent auprès du roi et de la reine, qui les reçurent avec de grands témoignages « d'affection ».

On les conduisit dans la maison que la reine avait achetée pour leur usage. Elle était voisine du palais, offrait toutes les commodités et était entourée d'une forte muraille.

Le supérieur des Capucins apprit alors ce qui avait été décidé au sujet des Oratoriens.

M. de Chasteauneuf, l'ancien ambassadeur, s'était imaginé que

M. de Fontenay-Mareuil, son successeur, lui avait enlevé l'honneur d'installer les Capucins. Il avait « mis en usage les plus subtiles inventions que son bel esprit pût lui fournir ».

Il avait décidé le roi et la reine à conserver les deux Oratoriens, et de plus avec la qualité de confesseurs de Sa Majesté.

Le supérieur des Capucins voulut repasser en France avec tous ses religieux. Il voulut toutefois prendre leur avis. « Tous opinèrent qu'il était beaucoup plus à propos de demeurer, et que sans avoir la confession de la reine on pouvait avancer beaucoup la gloire de Dieu. »

Le même jour, ils obtinrent de la reine la permission de reprendre l'habit, ce qui leur fut une grande joie. Le lendemain dimanche, ils célébrèrent la messe dans la chapelle. Le prédicateur causa à la reine « une merveilleuse satisfaction ».

Les catholiques étaient dans la joie et ne pouvaient détourner les yeux de l'habit des religieux.

Cette messe avait attiré « une multitude innombrable de peuple de tout sexe et religion. »

Il y avait à la vérité des Capucins en Angleterre et en Écosse. Ils y faisaient même beaucoup de bien, mais c'étaient des Capucins comme le P. Épiphane, que le P. Cyprien connut dans sa vieillesse.

Or le P. Épiphane exerçait le ministère au péril de sa vie, de village en village, déguisé en berger, avec une gibecière, une houlette et un flageolet. Les catholiques d'un village lui désignaient ceux du voisinage. Il commençait par causer avec les bergers; il les questionnait sur leurs moutons et il leur faisait de la musique. Le soir, il allait visiter les fidèles, parmi lesquels il y avait parfois des possédés et des sorciers. Il racontait qu'il avait brûlé un jour une corde de crin dont on faisait un fâcheux usage contre les vaches.

Il avait « délogé » quatre démons du corps d'une femme; l'un d'eux avait soutenu que lui seul sortirait et que les trois autres resteraient.

Le P. Épiphane, peu positiviste, ou plutôt l'étant beaucoup, racontait de nombreux cas de possessions.

Les démons qu'il chassait se réfugiaient, ce semble, chez les calvinistes et les animaient contre lui. Ils ne parvinrent cependant jamais à le prendre, du moins définitivement. Un jour, fuyant devant eux, il leur échappa précisément en se cassant la jambe. La fracture l'avait étendu gisant et invisible. Une autre fois, les calvinistes ne le reconnurent pas au milieu d'une assemblée de fidèles auxquels ils savaient qu'il venait de dire la messe.

Ces jours-là, on peut le croire, il ne portait pas l'habit des Capucins, comme le P. Cyprien et ses confrères.

Le P. Cyprien raconte qu'un gentilhomme était venu à cette messe avec plusieurs autres « de son genre, pour se moquer d'eux ».

Il les considéra avec attention : il fut frappé de la modestie de leur contenance et de leur visage. Il réfléchit et ne tarda pas à abjurer.

Le bruit de ces premiers succès alarma le conseil du roi. Il craignit la surexcitation des sectaires. Il fit en conséquence interdire aux catholiques de fréquenter la chapelle de la reine. La peine de la prison fut édictée contre les transgresseurs.

Plusieurs catholiques ne sortirent de la chapelle, où la ferveur les avait amenés, que pour entrer en prison.

Parmi eux se trouva la femme d'un officier de la reine, d'une « classe honnête ».

Elle fut traînée en prison avec tant de violence qu'elle en fut malade et fit une fausse couche.

« Le zèle de la reine, dit le P. Cyprien, s'alluma sur cette affaire : elle en fit de grandes plaintes au roi et obtint que les catholiques sortiraient des prisons pour y faire entrer les poursuivants qui les y avaient logés avec cette inhumaine violence. »

Les poursuivants sont, d'après l'auteur, des apostats pour la plupart, armés de commissions pour prendre les prêtres ou les papistes.

Ces représailles furent suivies d'une période de tranquillité, « d'une douce et agréable paix ».

Pendant ce temps, on s'était entendu sur le choix d'un grand aumônier. Ce fut l'abbé du Perron, neveu du cardinal. Sa modestie, sa modération, sa douceur, le firent estimer et aimer autant des protestants que des catholiques. Le roi goûta sa douceur et prit plaisir en sa conversation.

Il tint à le conserver quand il fut évêque, malgré sa répugnance primitive à voir cette dignité figurer dans la chapelle de la reine.

Ces événements amenèrent le printemps.

A l'époque de Noël, « les ordonnances du royaume veulent que les seigneurs se retirent dans leurs maisons des champs pour y exercer l'hospitalité, c'est-à-dire (pour tenir) table garnie et ouverte à tous venants ».

Le P. Cyprien connut un seigneur qui dépensait plus de dix mille jacobus de cette façon ; il recevait grands et petits, nobles et roturiers.

Noël tombant plus tard en Angleterre, les épines commencent à fleurir. On en apportait une branche au roi, qui en concluait que le calendrier anglais est meilleur, la floraison commençant à Noël.

Cette branche fleurie était cueillie à un arbuste provenant d'une épine de la couronne du Sauveur ; cette épine aurait été apportée en Angleterre et plantée par Joseph d'Arimathie.

Ce que la noblesse fait à Noël, le roi est tenu de le faire au printemps. Il est obligé d'aller séjourner dans ses châteaux, non pas précisément pour exercer l'hospitalité, mais pour donner à tout le royaume « la satisfaction de voir son roi ».

Le supérieur des Capucins « reçut ordre » de suivre la reine. On lui fit donner un carrosse pour lui et son compagnon et une charrette pour transporter son « ameublement ». Cette mission était difficile en raison de son grand âge, de sa goutte et de ses infirmités. Il déclina l'offre et ne tarda pas à retourner en France. Cette explication est donnée dans le manuscrit, mais non point peut-être par le P. Cyprien, dont l'œuvre a pu être retouchée. L'autre manuscrit dit que le refus du supérieur se rattachait à son désir de faire cesser la situation créée par la présence des Oratoriens et que la reine se plaignit à ses supérieurs.

Quoi qu'il en soit, la reine ne tarda pas à se retirer au palais de Saint-James pour y faire ses couches.

Deux Capucins l'y suivirent. Les autres, restés à Somerset, revêtaient la soutane tous les dimanches et allaient célébrer les offices et prêcher devant Sa Majesté.

La reine donna à l'Angleterre « un beau prince, nommé alors prince de Galles ».

« Aussitôt qu'il fut au monde, le roi son père envoya un gentilhomme aux Capucins pour leur dire qu'ils ne se missent pas en peine du baptême de son fils, que lui-même en voulait disposer et qu'il satisferait sur ce point le roi Très Chrétien, son frère. »

Suivant le P. Cyprien, Charles voulait éluder un article de son contrat de mariage. Les enfants devaient être élevés dans la religion catholique jusqu'à l'âge de quatorze ans. A partir de cet âge, ils devaient pouvoir choisir. La France, alors agitée par la guerre et les factions, « ne fit pas toute la résistance qui était à désirer ».

Le P. Cyprien ne dit rien de l'éducation religieuse du prince. Il ne parle, et c'est incidemment, que de celle de la princesse d'Orange. Henriette avait mis auprès d'elle une dame secrètement catholique. Celle-ci « lui représentait dans leur petit particulier qu'elle devait être mariée, et qu'il y avait bien apparence que ce serait au fils de l'Empereur, au Dauphin de France ou au prince d'Espagne, qui étaient tous bons catholiques, et partant qu'il fallait qu'elle fût catholique ».

Elle lui inspirait en outre « les sentiments de cette sainte créance ».

L'enfant portait un chapelet dans « sa pochette, qu'elle tirait et montrait quand il n'y avait pas de protestant présent ».

Les Capucins cependant étaient décimés et décapités, ayant perdu leur supérieur et n'étant plus que neuf. On leur envoya bientôt pour supérieur le P. Jean-Marie de Treston. Son père avait déshérité son fils aîné, qui s'était mésallié; il avait fait délier le P. Jean-Marie de ses vœux de chevalier de Malte. Réintégré dans le siècle, il n'avait trouvé aucune femme qui lui « agréât ». Il s'était fait Capucin.

Il assista probablement à la cérémonie de la pose de la première pierre de la chapelle.

On avait fait une construction provisoire dont les murs étaient de riches tapis. L'air était embaumé par les fleurs qui jonchaient le sol. Le P. Cyprien crut pouvoir comparer les chandeliers et les vases à ceux du roi Salomon.

Entourée de l'ambassadeur de France et de nombre de seigneurs et de dames catholiques, Henriette était à genoux sur un carré de velours cramoisi.

« Une musique harmonieuse ravissait les cœurs. »

Toute la ville de Londres semblait être accourue à la cérémonie, à laquelle le roi avait donné son consentement. Après la messe, célébrée par Mᵍʳ du Perron, l'ambassadeur de France conduisit la reine à l'endroit où la première pierre devait être posée.

La reine se servit d'une truelle dont le manche était recouvert de « velours frangé ». Elle prit « avec un grand air de piété » du mortier à un grand bassin de vermeil, et en jeta par trois fois sur la pierre, où était enchâssée une grande plaque d'argent avec une inscription.

Les ouvriers reçurent six mille livres, somme considérable pour leur petit nombre. Ils crièrent et répétèrent mille fois : « Vive la reine ! Vive la reine ! » On avait auparavant érigé une croix renversée autrefois par les hérétiques.

Ces cérémonies mirent les Capucins en un relief incroyable. On désira les voir comme on désire voir « des Indiens, des sauvages, des gens du bout du monde ».

Les Capucins imaginent de tirer parti de cette curiosité. Ils enlèvent de leur couchette la paillasse et le traversin. Ils reposent leurs membres sur les planches nues et leur tête sur un pupitre.

Ils avaient remarqué que l'Angleterre est un pays « fertile et sans impôts » ; que les habitants y mènent « une vie molle, douce et éloignée des misères des autres lieux », et qu'ils sont en conséquence portés à admirer les austérités. Les curieux sont conduits aux couchettes, et les Capucins, parlant, ce semble, déjà assez bien l'anglais, font de petits discours appropriés au spectacle, devant les curieux qui admirent cette « petite rigueur ».

Ils ont mis un an pour apprendre l'anglais de manière à pouvoir confesser. Déjà les confessionnaux sont entourés d'une foule de pénitents. Les conversions sont déjà nombreuses. « Dans une matinée, un seul Capucin portait le Saint-Sacrement à huit malades. » Ils vont administrer les sacrements dans les prisons. C'est ainsi qu'on atteignit la cinquième ou sixième année de la fondation, époque où la chapelle fut bénite et où les conversions prirent des proportions merveilleuses.

Le jour de la bénédiction de la chapelle approchant, Henriette chargea les Capucins de la décorer et même de « se surpasser ».

Ils s'adressèrent à un sculpteur « illustre » nommé Denizard, venu de Rome pour un gentilhomme anglais. Il accepta volontiers de les aider. Il plaça l'autel « portatif » sur une estrade, à laquelle on montait par un escalier de vingt degrés et se décomposant en trois paliers. Son extrémité inférieure se trouvait de côté; il s'élevait en suivant un itinéraire assez difficile à préciser. « Un oval de quarante mètres de haut » formait un « paradis de gloire ». Le nombre des anges paraissait doublé, grâce à un certain « artifice ». Il y en avait deux cents, « postés » selon les lois de la perspective, dans des nuées.

Chacun suivant son office, les anges adoraient le Saint-Sacrement, chantaient, jouaient de toutes sortes d'instruments, étaient vêtus en diacres, portaient des encensoirs et des navettes, étaient agenouillés en suppliants, étaient prosternés ou montraient le Saint-Sacrement à leurs compagnons. Il y avait aussi de petits anges sortant des nuages en jouant ensemble ou en montrant le Saint-Sacrement au peuple, qu'ils paraissaient convier à se réjouir et à adorer avec eux.

Le tout était éclairé par cent lumières.

Les chanteurs avaient des voix « excellentes ». On ne voit pas nettement s'il y avait de la musique instrumentale. La messe fut chantée « à huit parties, si mélodieusement qu'il eût fallu un cœur de pierre pour n'en être pas touché ».

Les musiciens étaient cachés; leurs chants n'avaient de débouché que dans la région des anges, qui paraissaient être les véritables musiciens.

La reine parut émue et elle pleura.

« Après dîner, dit le P. Cyprien. Sa Majesté vint derechef pour assister aux vêpres et à la prédication. Mgr du Perron fit un très docte, très éloquent et très pratique sermon.

« Messieurs de la musique, s'étant aperçus de la satisfaction que la mélodie charmante de leur chant avait donné à la reine, s'animèrent de telle sorte qu'ils surpassèrent de beaucoup ce qu'ils avaient fait le matin. »

Il y avait à la porte une grande foule, avide de voir le spectacle, et il arriva que les assistants ne trouvèrent plus d'issue quand ils voulurent sortir.

Enfin, « à la troisième nuit » seulement le roi fit fermer les portes aux curieux, parce que lui-même voulait voir la merveille. Il vint avec son grand maréchal, le contrôleur de sa maison et quelques seigneurs.

Il tint longtemps ses yeux « collés » sur la décoration et dit « hautement n'avoir jamais rien vu de plus beau et de mieux inventé ».

La décoration de la chapelle fut conservée jusqu'à Noël, c'est-à-dire pendant dix-sept jours, pour satisfaire la curiosité des catholiques et des protestants.

La nouvelle chapelle voit entre ses murs un mouvement qui paraît merveilleux au P. Cyprien. Les dimanches, on ne peut « approcher qu'avec beaucoup de peine » des confessionnaux assiégés. Pour y entrer, il fallait attendre « deux ou trois heures ». Les protestants venaient entendre les conférences des Capucins parlant en anglais et en français.

Vers cette époque, le marquis de Poigny, le nouvel ambassadeur, amène de France un Capucin qui parle « doctement sur toutes choses ». Il l'aime « avec tendresse » et se sert « de son conseil ». Non seulement ce religieux attire beaucoup de monde dans la chapelle de l'ambassade, mais il a des entretiens secrets avec des amis de Laud.

On s'entend sur tant de points qu'il n'y a presque plus de différence entre la religion catholique et la religion protestante. Bientôt des ministres de Laud se mettent à prêcher des choses inouïes, à savoir que le pape n'est pas l'Antechrist, que les cérémonies sont nécessaires dans l'Église, que tout fidèle ayant péché est obligé à la confession auriculaire. Les prédicateurs étaient appuyés par une grande propagande de livres.

Les puritains en concevaient « des colères, des fureurs, des rages ».

« Nous étions beaucoup visités, dira bientôt le P. Cyprien ; des ministres protestants, qui conversaient fort familièrement avec nous, écoutaient volontiers les raisons de notre créance, s'enquéraient de nos cérémonies, venaient dans la chapelle... pour en approfondir la pratique, avouaient que l'Église catholique était véritable ; mais, retenus par l'intérêt de leur bénéfice et de leurs femmes, ils croyaient se pouvoir sauver dans l'Église protestante, ayant, disaient-ils, les mêmes points fondamentaux que l'Église Romaine. »

Bientôt ce sera « un flux et reflux continuel, depuis six heures du matin jusqu'à une heure après midi ». Il ne se passera pas de « semaine qu'il n'y ait deux ou trois conversions de huguenots ».

En revanche, les puritains se sont « si étrangement multipliés qu'ils surpassent les protestants en nombre ».

Laud néanmoins « obtint du roi une ordonnance qui obligeait tous les ministres de porter les surplis dans les églises ».

Le P. Cyprien rapporte que les Écossais s'étant révoltés contre ces exigences, le roi « donna des commissions à plusieurs capitaines de lever des soldats ».

Mais « plusieurs capitaines et des soldats dirent qu'ils ne se voulaient pas battre contre leurs frères, se moquèrent de l'archevêque et du roi. Que fera le prince ainsi affronté ? On lui dit qu'il faut un Parlement : il le convoque. Les puritains sont en plus grand nombre. » Les puritains lui « promettent traîtreusement des subsides, pourvu qu'il ne dissolve pas le Parlement ». Il se dépouille en même temps du droit de dissoudre le Parlement.

Ces subsides, d'après le P. Cyprien, ne sont nécessaires au roi, qui a un domaine « considérable », que pour des dépenses exceptionnelles, « comme pour faire la guerre, pour bâtir des navires ».

Quoi qu'il en soit, la question des subsides amena l'indissolubilité du Parlement. Quant à la guerre civile, le P. Cyprien ne semble pas prétendre en préciser les causes. Il se réjouit du mouvement liturgique parmi les protestants; mais, pour son compte, il ne paraît chercher à convertir qu'avec la grâce de Dieu et mille stratagèmes. Il semble avoir des affidés, qui parlent à leurs amis du célèbre habit des Capucins comme d'un monument qu'il faut nécessairement visiter.

Un jeune protestant, entraîné par un ami et par la curiosité, vit l'habit étrange du P. Cyprien. « Il en demeura comme interdit. » Il se fit expliquer néanmoins tout ce qu'il voyait, sans rien admettre. Il revint. Bref, quelque temps après, il était Capucin lui-même et mourait saintement.

Une jeune protestante vint dans des conditions semblables. Le P. Cyprien savait que la mère de la jeune fille avait été emprisonnée pour la foi, et qu'elle-même à cette occasion avait vu dans son enfance jeter au feu un ciboire. Le vase s'était ouvert avec fracas, toutes les hosties s'étaient envolées « sans retourner en terre », en présence « d'une multitude » en « admiration ».

L'habile religieux la félicita sur sa mère et tira parti du souvenir du prodige. Enfin il la convertit et elle persévéra.

Une autre fois, invité par une comtesse anglaise, il alla argumenter chez elle contre deux ministres protestants « des premiers d'Angleterre ». Ils entrèrent en dispute sur la réalité du corps et du sang de Jésus-Christ, « après plusieurs civilités ». La dame spectatrice du tournoi se convertit.

Un fonctionnaire irlandais, venu pour affaires à Londres, homme droit et sincère, se trouvait dans un groupe, à proximité du P. Cyprien. Celui-ci se mêle à la compagnie et parle au fonctionnaire des Irlandais, sur des points indifférents d'abord. Il est probable que le P. Cyprien avait revêtu l'habit laïque pour opérer son coup de filet, car le fonctionnaire parut surpris de l'entendre faire l'éloge de la constance des Irlandais dans leur foi, et il se remit de sa surprise en apprenant qu'il avait affaire au chapelain de la reine. Le P. Cyprien le renvoya converti en Irlande, où il pratiqua secrètement sa religion pendant deux ans, au bout desquels il mourut pendant un séjour à Londres. Il avait témoigné le désir d'être enterré en terre sainte, c'est-à-dire dans un certain terrain réservé aux gens de la reine. Car les catholiques anglais étaient enterrés par les ministres protestants : on mettait un peu de terre bénite dans leur cercueil.

Cette fois, le clergé protestant emporta un cercueil rempli de pierres, au son des trompettes, avec déploiement de banderoles. Une oraison funèbre fut même prononcée.

Le corps fut porté très secrètement dans un carrosse à la chapelle de la reine, et de là en terre sainte.

Le secret fut gardé, pour ne pas compromettre la famille et même les catholiques.

Ces succès n'arrêtaient point la marche de la révolution.

Pour la combattre, il fallait des alliances, et c'est pour cela que la princesse Marie, si tendrement destinée par sa mère à quelque prince catholique, fut donnée au prince d'Orange. Pendant le séjour de ce dernier à Londres, on faisait prêcher devant lui Lane, chapelain du roi, dans une salle voisine de la chapelle de la reine. On devine à quoi songea le P. Cyprien. Il l'agita en lui disant que les protestants n'étaient pas d'accord sur le point important de la Cène et qu'ils étaient incapables de déterminer les points fondamentaux.

Lane fut retenu par la perspective de perdre ses bénéfices, mais étant malade, il se convertit. Il reçut l'Extrême-Onction et il guérit. Il monta en chaire, prononça un discours nettement catholique et fut banni. Il persévéra et mourut médecin à Paris. Ses enfants furent protégés par la reine.

Le roi suivait avec intérêt tout ce mouvement.

D'une fenêtre d'un appartement de la reine, il regardait avec sympathie la foule qui entrait dans la chapelle et qui en sortait. Il avait accordé le rétablissement d'un nonce et il lui faisait bon accueil. Il avait assuré à son grand trésorier, le comte de Portland, malade et converti depuis peu, que s'il guérissait, il serait maintenu dans sa charge. Pourtant il finit par se dépouiller aussi dans des proportions graves du droit de gracier les prêtres condamnés.

Les puritains avaient été exaspérés surtout par le rétablissement de la dignité de nonce en Angleterre. Ils en virent trois successivement. Dans leur chapelle, « on disait continuellement des messes depuis le matin jusqu'à midi; leurs carrosses roulaient dans les rues de Londres sans que personne leur osât dire un mot ».

« Quelque fâcherie » du Parlement pouvait toujours remettre les lois de persécution en vigueur.

Un jour le P. Cyprien causait avec le P. Suffren, confesseur de Marie de Médicis, réfugiée auprès de sa fille; il lui expliquait peut-être l'origine de ces progrès merveilleux de la foi. Dans ce moment même, il apprit le décret du Parlement qui fermait la chapelle de la reine et confinait les Capucins dans leur maison.

La reine paraît toutefois en avoir pu emmener deux dans son voyage en Hollande, où elle allait chercher des munitions et de l'argent pour commencer la guerre contre le Parlement. Le roi suivit longtemps des yeux le navire qui emportait Henriette, « jusques au temps que la grande distance la déroba à sa vue ». « Alors, dit le P. Cyprien, ôtant son chapeau, le remuant et le retournant plusieurs fois, il lui dit encore un très aimable, mais très triste et très douloureux adieu. »

Le P. Cyprien n'était pas à la célèbre tempête du retour; il la décrit néanmoins comme s'il en avait éprouvé toutes les terreurs.

« Les nautonniers, dit-il, qui avaient blanchi sur la mer en plusieurs voyages aux Indes ne s'étaient jamais trouvés en cette extrémité. Tous criaient miséricorde. Les catholiques se confessèrent pour mourir. Les inimitiés furent changées en des affectueuses réconciliations. Ceux qui se haïssaient auparavant s'embrassèrent. »

Plusieurs vaisseaux périrent. « Les gens des écuries et les

valets furent tous abîmés dans ces grands désastres. »

Ce voyage exaspéra « les messieurs du Parlement », qui « redoutaient l'adresse... de cette sage princesse. Ils savaient qu'elle avait rapporté des munitions et des subsides. »

Ils résolurent de porter les affaires à la dernière extrémité, en frappant les Capucins.

Ceux-ci déjà avaient écrit au roi et à Richelieu pour protester contre les traitements dont ils avaient été l'objet.

Leur prison n'était pas bien rigoureuse: ils en étaient apparemment quittes pour sortir dans des chaises à porteurs. On voit le P. Cyprien se rendre ainsi chez le duc d'Épernon, alors disgracié, pour le confesser, lui, la duchesse et toute sa maison.

C'est là qu'il apprend le désastre qui a frappé le couvent. La demeure a été tout à coup investie: les portes ont été enfoncées, les chambres envahies par des gens armés, les provisions enlevées, les meubles « qu'ils avaient de la libéralité du roi » pillés. Les autels et les confessionnaux ont été brisés, les deux crucifix fouettés ou percés à coups de hallebarde. Quant au ciboire, une main restée inconnue l'avait enlevé quelque temps auparavant.

Les Capucins sont ramenés, ce semble, au centre de la ville. Ils y reçoivent une lettre écrite par l'ordre ou sous la dictée de Louis XIII, qui les autorise à rester en Angleterre. Il leur fait parvenir de l'argent par ses « officiers ».

Pendant ce temps, les catholiques ont tout à redouter de la fureur du peuple, qui les accuse de trahison. Un mouchoir ensanglanté est porté au Parlement avec une lettre annonçant qu'on ensanglantera de même la chemise des ennemis des catholiques.

Des maisons sont pillées.

Le bruit de ces désordres et de ces dangers attire d'Espagne en Angleterre une marquise espagnole, veuve et riche. Elle vient soulager les persécutés et elle aspire même au martyre.

Londres renfermait alors une croix aussi remarquable qu'ancienne, et à cause de cela on avait fait grâce à ce dernier vestige du papisme.

Elle était entourée des statues des douze apôtres.

L'héroïque Espagnole se mit à venir assidûment prier devant cette croix, « à la vue d'un peuple innombrable qui lui... jetait de la boue et des pierres, la poussait, la frappait ».

Le Parlement en prit occasion pour ordonner la suppression de cette croix. Le peuple y courut de toutes parts. Des échelles furent dressées.

Le premier qui monta, tomba sur les lances de la balustrade : et fut transpercé. Cette mort parut fortuite à ses compagnons, qui n'en attachèrent pas moins des cordes à la croix et aux statues. Celles-ci tombèrent successivement. A chaque chute, « comme au gain d'une bataille, » des fanfares jouaient.

Lorsque la croix tomba, les profanateurs, comme les Juifs sur le Calvaire, crièrent que le Christ avait pu sauver les autres et n'avait pu se sauver lui-même.

On crut alors qu'on pouvait détruire tous les catholiques comme on avait détruit cette croix, et qu'il fallait commencer par les Capucins.

Ceux-ci entendirent tous les jours des menaces de mort. Ils se réfugièrent d'abord dans leur cachette, mais ils ne tardèrent pas à se consulter relativement au caractère que revêtirait leur mort.

Ils crurent y voir réunies les conditions du martyre et ne se cachèrent plus. Plusieurs fois le bruit extérieur leur fit croire leur dernière heure arrivée, et ils se réunirent au pied de leur autel pour y mourir ensemble.

Trois mille apprentis se rendirent un jour au Parlement : ils réclamèrent le bannissement des Capucins. C'est ainsi que leur embarquement pour la France fut décrété et bientôt effectué.

Le P. Cyprien, avec un frère convers, assistent les prêtres condamnés à mort. Il était chez le duc d'Épernon au moment du pillage de son couvent : il alla de là chez l'ambassadeur de Portugal et y resta peut-être quelque temps. Il décrit les scènes des prisons et de la place des exécutions pour les avoir vues, à ses risques et périls.

Le P. Cyprien parle tantôt à la première personne, tantôt

à la troisième. On ne voit pas s'il y avait d'autres Capucins que lui et le frère convers.

Les prêtres paraissent seuls avoir été condamnés et exécutés. Une dame catholique, coupable d'avoir fait dire la messe chez elle, est bien conduite vers le lieu du supplice, mais le juge l'avait condamnée malgré lui, il fait ramener en prison cette héroïque femme qui pressait le charretier de poursuivre son chemin et lui promettait « un écu ».

Il est facile de voir les prisonniers. L'argent ouvre les portes. On peut s'isoler et dire la messe dans des salles réservées par les geôliers. Les visiteurs se confessaient aux martyrs et leur faisaient signer des images. Les simples fidèles venaient aussi les voir.

Les condamnés, en sortant de la prison, s'asseyaient sur une claie et le cheval les traînait au supplice. Les Capucins, déguisés et mêlés à la foule, les suivaient. En arrivant au lieu du supplice, les prêtres condamnés se levaient de leur claie et parlaient au peuple, à qui on les représentait, non comme des confesseurs de la foi, mais comme des traîtres. L'un d'eux, voulant dissiper cette erreur, feignit de craindre la mort : il demanda au juge ce qui résulterait de son apostasie. Celui-ci donna dans le piège : il fut tout aussitôt apostrophé et confondu par sa victime, à laquelle il venait de promettre la liberté.

De la claie, les condamnés montaient dans une charrette, parfois avec des criminels ordinaires. Ils faisaient le signal convenu : un prêtre, perdu dans la foule, leur donnait alors l'absolution.

Prêtres et criminels étaient attachés par le cou aux branches d'un arbre. La charrette s'éloignait et les corps se balançaient dans l'espace. On laissait mourir les criminels ordinaires. On coupait la corde des prêtres, encore en vie. On les mutilait odieusement, on les éventrait et on levait en l'air le cœur et les entrailles « des traîtres », et on les jetait au feu, en présence de la foule.

C'était alors, de la part des catholiques, une curée d'un nouveau genre. Des linges étaient trempés dans le sang ; les reliques étaient disputées aux flammes. Ce n'était pas sans danger.

Mais les Capucins savaient que celui qui ne risque rien n'a rien.

« Un d'eux, dit le P. Cyprien — c'était lui peut-être —, était sur le

point d'être accablé du peuple, lorsque voyant un prêtre condamné qui arrivait, par un merveilleux transport, l'alla embrasser, baiser, tirer son collet et le garder précieusement. »

Le Capucin croyait, ce semble, en être quitte pour quelques
mauvais traitements de plus de la part de la foule; un danger
surgit tout à coup. « A l'instant, dit l'auteur, plusieurs crièrent :
Prêtre! Prêtre! ce qui est un crime d'État et de mort. »

Des agents recherchaient, en effet, les prêtres avec acharne-
ment, et l'un d'eux, soupçonnant un jour un individu, se mit à
dire son chapelet devant lui et l'amena ainsi à réciter son bré-
viaire et à se trahir.

« Ce bruit, poursuit le P. Cyprien, obligea le Capucin de
quitter prise (peut-être s'était-il remis à embrasser le martyr
ou à le dépouiller d'autres reliques ; il se jeta si promptement
dans la foule du peuple qu'il échappa. »

L'ambassadeur de Portugal désira avoir la tête de quelque
martyr. Il traita avec le bourreau, qui ne devait toucher la
seconde moitié de la somme qu'en apportant la tête. Celui-ci
trouva expédient de décapiter le cadavre d'un protestant qu'il
déterra. Il voulait substituer la tête de ce dernier à l'une des têtes
exposées. En essayant d'enlever celle du martyr, il tomba. Cette
chute fut apparemment fort lourde, car il alla dire piteusement
à l'ambassadeur qu'il renonçait à l'entreprise.

Entre la condamnation et l'exécution, il s'écoulait ordinaire-
ment trois ou quatre jours. Pendant cet intervalle, un certain
prêtre avait demandé sa grâce au roi. Or celui-ci avait promis au
Parlement de ne plus accorder de grâce aux prêtres condamnés
pourvu qu'on épargnât ceux auxquels il venait d'accorder la vie.
Cette nouvelle, apportée au prêtre, alors à table avec les Capucins
et un autre prêtre condamné, ne l'abattit pas. « Ça donc, dit-
il, réjouissons-nous, et mettant la main dans sa poche : Tenez,
dit-il, à un valet: voilà de l'argent: allez nous quérir du vin
d'Espagne. »

Ce qui fut fait aussitôt. Pendant le reste du souper, ce ne furent
que des réjouissances et d'innocentes gaietés, comme s'exprime le
P. Cyprien. Puis on se mit en prières. On récita des prières d'a-

bord, puis on fit la méditation. Les deux martyrs dirent leur dernière messe et moururent courageusement.

Durant ces suprèmes agapes, « les innocentes gaietés » avaient peut-être pour objet ces puritains sans malice trompés par un ministre ami de la bonne chère. Celui-ci, à table avec des convives en dispute sur la manière de célébrer la Cène, leur représenta qu'il fallait la célébrer le soir, après souper, comme N.-S. Le lendemain on soupa de nouveau ensemble et l'on s'apprêta à célébrer la Cène. Le ministre fit observer qu'il y avait des femmes parmi eux et qu'il n'y en avait pas à la dernière Cène. On fit un troisième souper. Le ministre fit observer qu'il fallait que l'un d'eux se dévouât à représenter Judas. Personne ne voulut du rôle et l'on renonça à la célébration de la Cène selon les règles.

Le P. Cyprien ne paraît pas être resté longtemps au milieu de ces comédies sanglantes.

Les Capucins de la reine furent embarqués pour la France, au bout d'un mois. Le P. Cyprien les rejoignit peut-être alors. La reine s'embarqua à une époque difficile à préciser, relativement à celle du rapatriement des religieux. Elle avait en ce moment avec elle le P. Jean-Marie de Treston, l'ancien chevalier de Malte; il se distingua pendant la traversée. Tous les gens de la reine eurent le mal de mer. Il lui rendit « tous les services qu'elle recevait auparavant de vingt ou trente personnes ». Le robuste religieux mourut peu de temps après.

La reine voulut que le P. Cyprien lui succédât. Celui-ci « ne manqua presque aucun jour de la voir en particulier », selon « le commandement » qu'il en avait reçu de sa propre bouche, « pour l'entretenir de dévotion ».

C'est ainsi que le religieux se trouve auprès d'Henriette au moment où elle apprend la mort de son époux. Le moment avait été choisi. Le P. Cyprien fut prié de ne pas s'éloigner. Un gentilhomme, envoyé pour savoir des nouvelles, ne revenait pas. Un des assistants dit que ce retard n'aurait pas lieu si les nouvelles étaient favorables. — « Je vois que vous les savez! » s'écria Henriette. Les questions furent de plus en plus pressantes: les réponses, de moins en moins équivoques. L'évidence rendit la princesse immobile et muette comme une statue.

Durant de longues heures, on demeura autour d'elle en silence, « les uns pleurant, les autres soupirant ».

Cette torpeur fut enfin vaincue par les affectueux empressements de la duchesse de Vendôme. Son premier mouvement fut de vouloir s'ensevelir dans un couvent. Mais la pensée de sa jeune fille prisonnière des hérétiques l'arrêta. Elle alla s'enfermer pour quelque temps au Carmel. Son entourage poussa bientôt le P. Cyprien à lui représenter qu'elle était nécessaire aussi à son fils. Elle ne tarda pas à suivre ses conseils.

Le P. Cyprien parle peu de Charles Ier, mais toujours avec sympathie. Il paraît suivre les opinions les plus sévères de son temps sur la possibilité de la bonne foi dans l'hérésie : peut-être écartait-il de son imagination le souvenir de ce roi mort hors de l'Église et dans une des plus sanglantes révolutions.

Il considère toutefois cette révolution avec un pieux optimisme et il la trouve compensée par l'importance et les suites du mouvement catholique en Angleterre. Et il parle ainsi de longues années après les événements, nonobstant certaines réalités pénibles et de mauvais augure.

Le P. Cyprien ne donne point d'appréciation sur Charles II, au secours duquel il appelle sa mère retirée au Carmel et dont le père, dit-il, a été vendu « argent comptant, comme une bête, » dont le meurtre était une chose si horrible que « le bourreau sortit secrètement de Londres et demeura caché le jour de l'exécution. Un autre homme masqué, qu'on dit être un ministre, prit sa place. » Ce bourreau improvisé ne manqua pas son coup, grâce à la « furie » avec laquelle il frappa.

Charles II, vaincu à Worcester, ne se livre point à d'aussi implacables ennemis.

Le P. Cyprien, sans s'être probablement battu jadis contre les Turcs comme l'un de ses confrères, a le tempérament belliqueux : il raconte avec plaisir l'odyssée de Charles II, qui mange du pain et du fromage et boit de la bière dans le feuillage d'un arbre, à quelques pas des cavaliers qui le cherchent. Ses sujets ne reconnaissent guère leur roi dans ce bûcheron fort brun, grâce à une ablution au brou de noix, et armé d'une grande serpe.

Puis il paraît devenir comme muletier. Il s'avance à cheval avec une personne « agencée » derrière lui, à laquelle il entend demander pourquoi elle prend pour guide un pareil « gueux ». A l'auberge, la servante lui fait tourner la broche, mais il faut être né rôtisseur. La servante le traite de « lourdaud » et, exaspérée par son humeur joviale, lui arrache la broche des mains. C'est un roi bien loin de son trône. Pour raffermir celui de son père, la princesse Marie a été mariée à un prince hérétique. Quelque prince pourra être rattaché à la cause des Stuarts par la princesse Anne, âgée de douze ans, encore prisonnière, belle, pleine d'intelligence, d'énergie, et du sentiment de sa situation.

Elle ne cesse d'exciter le futur Jacques II à fuir.

On gagne le valet de chambre et l'on concerte l'évasion. Un soir, les trois enfants jouent à cache-cache. Pendant qu'Anne feint de chercher son frère, celui-ci se déguise en femme dans le jardin et court s'embarquer à la Tamise; mais le vent le retient à la rive. Les gardiens alarmés arrivent à leur tour. Le vent venait de tourner et ils arrivaient trop tard. Le prince arriva, toujours déguisé en femme, à la cour du prince d'Orange, « et l'on appela les tailleurs ».

Le duc de Glocester s'enfuit à son tour en gagnant son valet de chambre. Il avait été transféré, avec la princesse Anne, dans une demeure royale où Charles Iᵉʳ avait été prisonnier. Là, une tristesse profonde étreignit l'âme de la princesse et la tira ainsi de la prison de Cromwell, dans la puissance duquel il ne resta plus que la future duchesse d'Orléans. Sa mère avait abandonné celle-ci dans une ville déjà investie, pour fuir à pied vers la côte, quinze jours après ses couches, épuisée, à travers les ennemis qui la cherchaient et qu'elle entendait.

Un jour, lady Morton, à qui Henriette fugitive avait confié son enfant, revêtit la petite princesse de haillons, revêtue elle-même d'un costume semblable, et métamorphosée en bossue au moyen de chiffons. Elles allèrent prendre place sur un navire. « Ceux qui

voient lady Morton sur le vaisseau, dit le P. Cyprien, sont bien
aises d'être quittes de cette gueuse et que la France en demeure
chargée. »

Enfin le P. Cyprien a la joie de faire librement le catéchisme
à l'un des enfants d'Henriette et cherche à lui faire apprécier
le bonheur d'être dans « les voies du ciel, où les princes et les
princesses de on sang ne pouvaient, disait-il, arriver pendant
que l'hérésie les faisait passer par d'autres voies ».

Or lady Morton n'était pas dans « les voies du ciel ». Elle
dit un jour à l'enfant : « Je crois que le P. Cyprien fait autant
le catéchisme pour moi que pour Votre Altesse. »

Le bon religieux dit que l'enfant, « qui avait beaucoup d'esprit, » lui rapporta la chose « en secret ».

L'enfant, d'ailleurs, faisait le catéchisme à sa manière à lady
Morton : elle lui répétait qu'elle ne pouvait se sauver dans l'hérésie; elle l'embrassait en lui disant : « Soyez donc catholique,
ma bonne dame, je vous aimerai bien. »

Lady Morton contesta longtemps l'absolue nécessité de la
religion catholique. Puis, convaincue, elle différa longtemps
« par des considérations du monde ».

Enfin elle passa en Angleterre pour régler toutes ses affaires,
décidée à abjurer à son retour.

La fièvre la saisit à Londres. En voyant une de ses amies catholique, elle s'écria qu'elle ne le serait jamais.

Elle mourut dans ces sentiments, mais ces sentiments étaient
l'œuvre d'une fièvre « chaude ».

La jeune Henriette, cependant, était réputée élevée dans l'hérésie. Sa tante Christine, duchesse de Savoie, partageait elle-
même cette erreur. Elle apprit un jour que sa nièce excellait à
danser, et, profitant de l'occasion, elle invita sa sœur « à s'occu-
per aussi de l'âme de sa fille ».

Henriette de France, pour dissiper cette opinion, imagina de
publier les catéchismes faits à sa fille par le P. Cyprien. Le digne
religieux eut ainsi pour éditeur l'ancienne souveraine de trois
royaumes, ces royaumes qui finirent par revenir à son fils, sous
la conduite de Dieu lui-même, après mille échecs et déceptions.

Henriette retourna donc en Angleterre, où d'ailleurs son douaire lui fit une obligation légale d'habiter.

Le motif déterminant de son premier voyage fut, d'après le P. Cyprien, le projet de mariage de Henriette d'Angleterre avec le duc d'Orléans : elle voulait en conférer avec Charles II.

Le futur Jacques II vint chercher sa mère à Calais avec toute la flotte anglaise, en qualité de grand amiral. Le canon tonna longtemps et fut entendu des deux rives. Le prince vint dire aimablement au P. Cyprien qu'il avait de l'esturgeon à bord, car, au lieu de cinq heures, la traversée dura deux jours, par l'effet du calme plat, et mit les catholiques aux prises avec la loi de l'abstinence.

Le P. Cyprien reprit alors sa fonction de bénir la table, après le chapelain protestant. Ces bénédictions un peu mixtes semblent lui déplaire : car il raconte, dans une autre circonstance, avec un entrain peu charitable, que le chapelain et lui étant en retard, ils se hâtèrent et que le premier étant tombé fut raillé par les seigneurs.

Le P. Cyprien bénit donc la table en présence de nombreux sectaires qui abhorraient le signe de la croix. L'intrépide religieux, nullement assagi par les événements, s'appliqua à leur en faire un grand et les scandalisa.

Le lendemain il dit la messe à Douvres, dans une salle dont les portes étaient ouvertes, en vue d'une grande foule. « La plupart, dit-il, admiraient la dévotion des catholiques. D'autres enrageaient de dépit. »

En rentrant à Londres, outre les souvenirs, Henriette de France avait des sujets de tristesse. La princesse d'Orange avait la petite vérole. Il semble que la reine, avec sa fille et le P. Cyprien, allèrent la voir. Les protestants qui entouraient la malade parlèrent du caractère contagieux du mal. Henriette s'empressa d'aller dans une autre maison, à cause de sa fille alors fiancée. Elle emmenait le P. Cyprien.

La mort, contre leur attente, semblait épier leur départ pour entrer. Le P. Cyprien dit que la princesse avait suivi la religion huguenote, mais qu'il est à croire qu'elle avait toujours retenu quelque chose des bons sentiments qu'elle avait témoignés dans son enfance. On lui avait parlé de la religion catholique, « mais elle perdit la vue, » c'est-à-dire, probablement, que, déjà sans parole elle ne put exprimer par ses regards si elle adhérait à la « sainte créance » des jours heureux où, gardant un chapelet dans sa « pochette », elle se voyait peut-être déjà mariée « au fils de l'Empereur, au Dauphin de France ou au prince d'Espagne, qui étaient tous bons catholiques ».

« Les tambours, les trompettes, les timbales retentissaient peu de temps après cette mort aux oreilles d'Henriette et de sa fille, revenant d'Angleterre et arrêtés à Pontoise : c'étaient Louis XIV et la reine qui venaient les surprendre, amenant le duc d'Orléans, le fiancé. Celui-ci, en voyant sa fiancée, demeura « interdit ». Puis il écouta les particularités de son voyage « avec un plaisir sans pareil ». Il avait appris sa maladie ; il en avait éprouvé « des insomnies », des « angoisses effroyables ».

Pour résumer, « Monsieur crut être en Paradis de voir Madame Henriette ».

La maladie mentionnée ici avait saisi Henriette d'Angleterre pendant la traversée ; on était revenu précipitamment à Portsmouth, où l'on était resté quinze jours. Des historiens disent qu'on avait craint la petite vérole.

Le mariage est suivi, quelque temps après, de la séparation de la mère et de la fille, le duc d'Orléans tenant à habiter les Tuileries.

« Les soupirs, les larmes et les sanglots de la reine et de Madame en faisaient pleurer quelques-uns et attendrissaient le cœur des autres, » dit le P. Cyprien présent.

Tout n'est pas fini entre le digne religieux et son élève, qui réclame la continuation de ses bons offices. Il va « souvent » la voir à Fontainebleau et aux Tuileries. « Dans le particulier, dit-il, je l'entretenais des périls de la cour. »

Il la voit moins pendant les séjours de la cour à Fontainebleau. « Je ne la voyais plus que rarement, dit-il, et seulement lorsqu'elle m'envoyait quérir pour ouïr sa confession. »

Il lui parlait « brièvement », ne pouvant plus « la faire sérieusement réfléchir » sur ce qu'il lui disait : car elle était occupée par « les compagnies, les affaires, les tracas » de la cour.

Mais elle allait voir sa mère à Colombes, et y passait deux ou trois jours. « Alors, dit-il, j'avais le moyen de la voir commodément, de lui parler en particulier, de traiter doucement et en repos des affaires de sa conscience... Je lui répétais dans l'espace d'une heure les choses... dont je l'avais entretenue pendant le cours de plusieurs années. »

Le Capucin qui entretient une heure durant cette princesse en apparence toute au monde, ne l'ennuie pas, et elle voudrait le garder : c'est en vain. « La personne de Madame, dit-il, nous était bien précieuse, mais nous avions les dernières obligations à la reine sa mère... Je la priai donc de trouver bon que je suivisse la reine sa mère. » C'était pour retourner en Angleterre. Il lui désigna pour confesseur un Capucin qu'elle retint et qu'elle fit demander dans sa dernière maladie. (L'auteur ne fait allusion à aucun fait historique postérieur à cette maladie.)

Le P. Cyprien suivit la reine avec un seul confrère : la cause en était que les Oratoriens tendaient à se rétablir au préjudice des Capucins.

La maison où jadis les Capucins étaient arrivés dix était louée. Il est probable qu'il fallut attendre et transiger. Il fallut plusieurs mois pour restaurer la chapelle. Tous les paroissiens du temps de Charles Ier n'étaient pas morts ou n'avaient pas apostasié. D'ailleurs de nombreux enfants en étaient issus. Toute la matinée, la chapelle était remplie. Pour instruire et confesser tout ce monde, il fallait des Capucins en plus grand nombre.

Le P. Cyprien avait vu la reine « butée », en France, à l'idée de n'emmener que lui et un confrère : il avait gardé le silence, « en attendant, dit-il, l'occasion favorable d'agir adroitement ».

Déjà, entre Paris et la côte, le P. Cyprien avait rencontré un Capucin qui apprenait l'anglais dans le désir d'aller un jour en Angleterre : « Je ne laissai pas, dit-il, passer cette occasion... de faire insensiblement croître notre nombre jusques à dix, selon l'ancien accord des deux couronnes. »

Il le mène saluer la reine, qui consent à l'adjoindre à sa chapelle, mais non à l'emmener immédiatement, car elle ne sait pas si elle pourrait le loger. A Londres, influencée par l'abbé de Montagu, son grand aumônier et partisan des Oratoriens, elle change d'avis; « mais, dit le P. Cyprien, j'avais déjà écrit pour faire promptement venir le Père, qui ne perdit pas de temps ».

La reine fut « fort surprise » de son arrivée et n'en témoigna pas de « satisfaction », mais elle « l'agréa fort, après ». Les fidèles se pressèrent bientôt si nombreux dans la chapelle, que l'abbé de Montaigu avoua la nécessité de rétablir l'ancien nombre des Capucins, mais il y comprenait deux frères convers. Le P. Cyprien désarçonna facilement son adversaire sur ce terrain, et l'on revit les dix Capucins.

Les deux Oratoriens furent d'ailleurs heureux de voir tant de bien se faire par le moyen de leurs rivaux.

Malheureusement ils furent remplacés par deux autres, qui, appuyés toujours par l'abbé de Montagu, voulurent, contrairement à tous les précédents, avoir autorité sur les Capucins.

Le P. Cyprien alla trouver la reine, qui obligea les usurpateurs « de faire excuse de leur entreprise trop peu méditée ». Pour les punir encore davantage, elle confia aux Capucins seuls le soin de préparer une grande cérémonie. (C'est la dernière fois qu'il est question des Oratoriens.)

Cette cérémonie était le baptême d'un jeune Chinois de quatorze ou quinze ans. La reine fut sa marraine. Le P. Cyprien avait été son catéchiste. Il constata qu'il admettait assez difficilement la Trinité et l'Eucharistie, mais très facilement les autres mystères. Il ne sut pas pourquoi il était venu en Angleterre, peut-être pour n'avoir jamais songé à le lui demander.

Ce baptême fut l'occasion d'une conversion. Un des assistants y conçut l'idée de conduire son père, ministre protestant et professeur distingué, au P. Cyprien, qui le convertit. Après son abjuration, on voulut prévenir la désertion de son cours.

On le faisait placer dans un coin de la chapelle, où personne ne pouvait le voir. Sa femme voilait de son côté son visage avec une « écharpe ».

Beaucoup de catholiques d'ailleurs pratiquaient secrètement leur religion, sous Charles II, par crainte du retour de la persécution, une « fâcherie » du Parlement pouvant la rallumer.

Certains prêtres anglais permettaient même d'assister aux prêches dans les grandes circonstances, malgré deux brefs qu'ils interprétaient à leur façon. Le P. Cyprien les critique.

Lui-même, pendant la maladie d'Henriette d'Angleterre à Portsmouth, alla plusieurs fois au prêche. C'est la seule fois qu'il parle d'une intrusion de ce genre.

Nécessairement il voulait convertir le ministre; celui-ci lui avoua qu'il était retenu par les plus tristes perspectives de l'ordre temporel. Le P. Cyprien lui promit une pension, mais il n'eut jamais de ses nouvelles.

Évidemment le mouvement catholique satisfait l'ardent Capucin, mais la santé d'Henriette décline et réclame l'air de la France. Longtemps elle hésite, pour ne pas abandonner ses catholiques anglais; enfin elle réfléchit que ce ne sera pas les abandonner, si elle leur laisse sa chapelle et les Capucins pour la desservir. Elle part en recommandant à ceux-ci la prudence, et, longtemps accompagnée par Charles II et son épouse, elle s'éloigne de l'Angleterre, où le catholicisme, comme replanté par elle, saura se ramifier sur le sol, en attendant qu'il grimpe à quelque nouveau tuteur.

Elle est à peine en France que la peste fait son apparition à Londres, emportant bientôt quatre et cinq mille personnes par semaine.

Henriette ordonne alors de fermer sa chapelle, où les réunions offriraient plus de prise au fléau. Mais les Capucins objectent des intérêts supérieurs et sont appuyés par le P. Cyprien, qui a suivi la reine avec un confrère. La chapelle est rouverte. Deux Capucins meurent pour avoir confessé des pestiférés.

L'air de la France cependant ne guérit pas Henriette. Ses insomnies et sa faiblesse inquiètent sa fille et son gendre, qui réunissent chez elle trois médecins en consultation. Le P. Cyprien y était présent. Elle décrivit son mal avec tant de netteté, dit-il, qu'elle ne laissa rien à ajouter à M. Daquin, son médecin

Valot, médecin du roi, approuva le traitement du premier et déclara l'état sans danger : il ordonna seulement « trois grains » pour combattre les insomnies.

Henriette, soupçonnant qu'il s'agissait d'opium, déclara qu'elle n'en prendrait pas; ce médicament, ajoutait-elle, l'avait toujours incommodée et lui avait été interdit par son médecin en Angleterre. Valot explique que c'était un médicament d'une composition particulière. Ses confrères, auxquels Henriette semblait en appeler, déclarèrent Valot incapable d'ordonner quelque chose qu'il ne connût comme salutaire.

Henriette acquiesça avec peine. Les trois grains ne devaient être pris que pendant la nuit.

En attendant, elle soupa à l'heure ordinaire, sa vie étant extrêmement réglée. Elle mangea fort bien et « se divertit agréablement ».

« Avec le sang du grand Henri, dit le P. Cyprien, elle avait aussi hérité un courage qui ne se laissa jamais abattre aux difficultés, qui dissimulait les pointures et les aigreurs... » Elle se moquait de ces dames et demoiselles qui crient « pour un petit mal de tête, un mal de dent, comme si tout était perdu ».

Le jour même elle s'était entretenue longtemps avec son confesseur, le confrère, ce semble, du P. Cyprien, pour se préparer à la communion du lendemain. Elle lui avait dit qu'après sa mort, Charles II payerait à ses gens leurs gages pendant deux ans. Cependant elle ne songeait pas à la mort.

« La mort, dit le P. Cyprien, était effroyable à ses yeux. Quoiqu'elle ne se la représentât qu'éloignée, sa seule idée la faisait frémir. Aussi n'aimait-elle pas qu'on l'entretînt de ce triste sujet. Elle m'a souvent dit qu'il fallait s'y préparer par une grande pureté de vie, par la fréquentation des sacrements, par l'exercice de bonnes œuvres et n'en pas tant parler. »

L'appréhension des grains réputés funestes par le P. Cyprien ne l'empêcha pas de s'endormir. La femme de chambre finit par être frappée par le silence prolongé qui suivit l'absorption du médicament, puis elle s'effraya des signes d'oppression et des soupirs. Les médecins accoururent. N'obtenant aucun signe d'intelligence, ils affirmèrent que c'était l'effet passager d'une « vapeur montée au cerveau ».

Le P. Cyprien, venu avec son confrère, ne tarda pas à s'inquiéter et manda le curé de Colombes. L'Extrême-Onction fut donnée et fut suivie immédiatement de la mort. Le visage resta serein.

Le désir d'Henriette avait été d'être ensevelie à la Visitation de Chaillot. Elle y passait l'avent, le carême et les principales fêtes de l'année. Le palais et les dépendances avaient été achetées en son nom lorsque les religieuses avaient désiré de s'établir en cet endroit.

Elle « se rendit fondatrice » de la maison et y retint un appartement.

Si son désir était de reposer à Chaillot, elle savait d'autre part sa place marquée parmi les sépultures des rois de France, et elle avait légué son cœur au couvent.

Le P. Cyprien dit que l'Angleterre « ne put apprendre sa mort sans fondre en larmes, » qu'elle fut « déplorée » en vers grecs, latins et anglais, « en telle quantité que, tous recueillis ensemble, ils font un volume entier; » il ajoute que la mission des Capucins « ne subsistant que sous l'autorité de cette royale princesse passa avec elle en son tombeau », mais que les Capucins insulaires ne furent plus réduits à se cacher, comme avant l'établissement « des Capucins de la Reine ».

Le P. Cyprien de Gamaches est vraisemblablement de la famille mentionnée dans les dictionnaires biographiques.

A. F.